Impressum
Verlag: BABADADA GmbH, Nedderfeld 112 , 22529 Hamburg
Geschäftsführer / Verlagsleitung: Harald Hof
Druck: Books on Demand GmbH, In de Tarpen 42, 22848 Norderstedt

Imprint
Publisher: BABADADA GmbH, Nedderfeld 112 , 22529 Hamburg, Germany
Managing Director / Publishing direction: Harald Hof
Print: Books on Demand GmbH, In de Tarpen 42, 22848 Norderstedt

koulu
škola

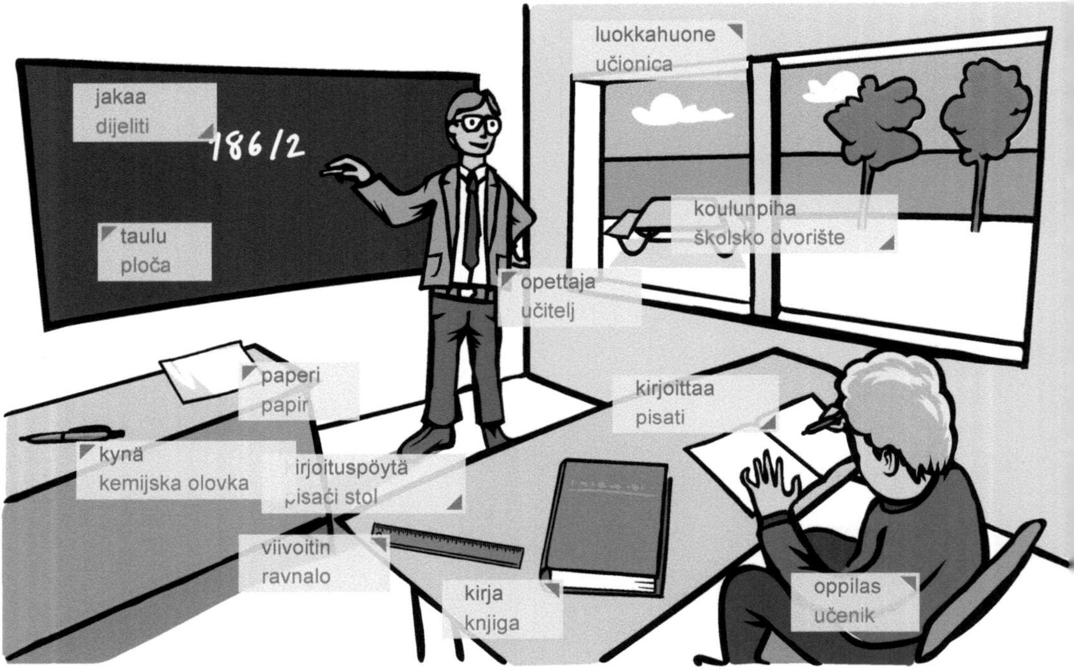

luokkahuone
učionica
jakaa
dijeliti
186/2
koulunpiha
školsko dvorište
taulu
ploča
opettaja
učitelj
paperi
papir
kirjoittaa
pisati
kynä
kemijska olovka
kirjoituspöytä
pisaći stol
viivoitin
ravnalo
kirja
knjiga
oppilas
učenik

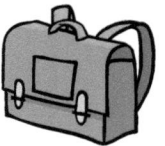

reppu

torba

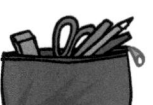

penaali

pernica

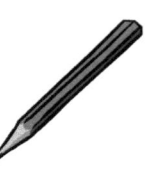

lyijykynä

grafitna olovka

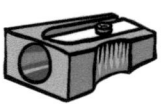

kynänteroitin

šiljilo za olovke

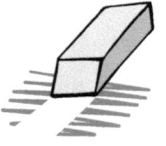

pyyhekumi

gumica za brisanje

piirustuslehtiö

blok za crtanje

piirustus

crtež

pensseli

kist

vesivärit

kutija s bojama

sakset

makaze

liima

ljepilo

harjoituskirja

bilježnica

kotitehtävä

domaći zadatak

luku

broj

lisätä

sabirati

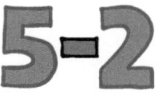

vähentää

oduzimati

kertoa

množiti

laskea

računati

kirjain

slovo

aakkoset

abeceda

sana

riječ

teksti

tekst

lukea

čitati

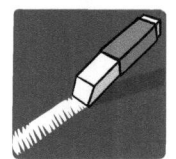

liitu

kreda

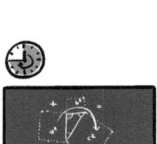

oppitunti

sat

opettajan muistikirja

dnevnik

koe

ispit

todistus

svjedodžba

koulupuku

školska uniforma

koulutus

obrazovanje

sanakirja

leksikon

yliopisto

sveučilište

mikroskooppi

mikroskop

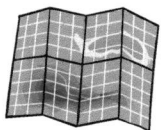

kartta

karta

roskakori

košara za papir

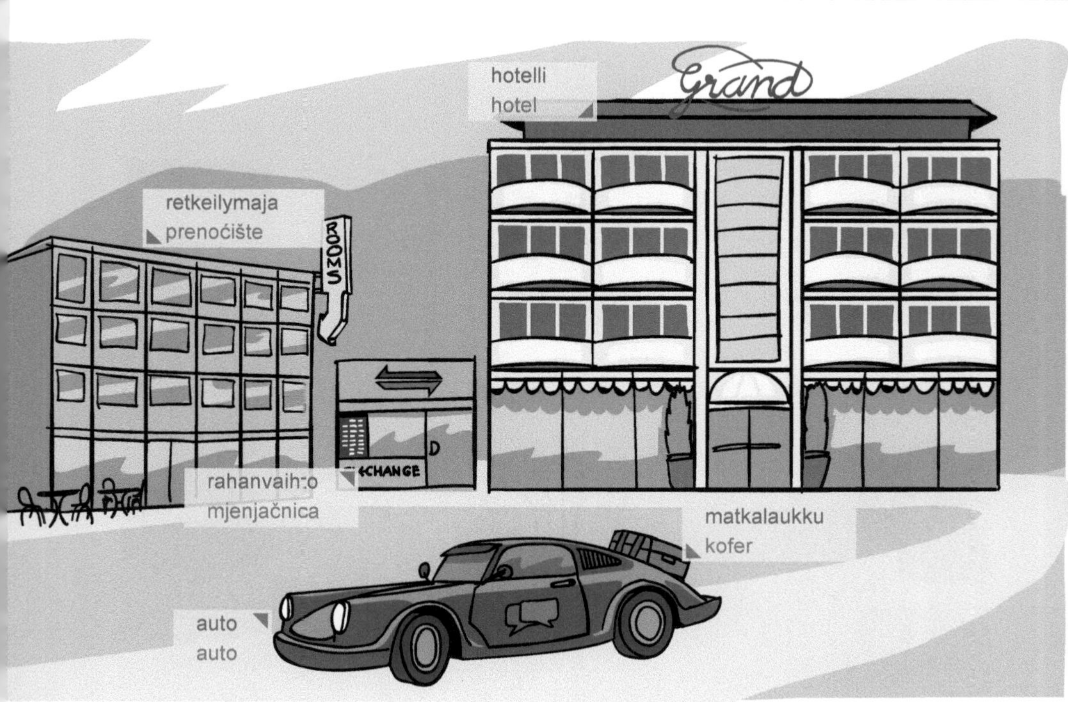

hotelli
hotel
Grand
retkeilymaja
prenoćište
ROOMS
rahanvaihto
mjenjačnica
matkalaukku
kofer
auto
auto

kieli

jezik

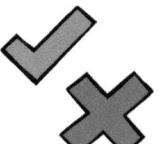

kyllä / ei

da / ne

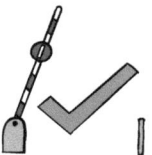

selvä

okay

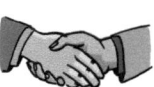

hei

zdravo

tulkki

prevoditelj

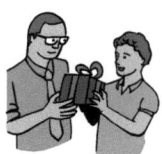

kiitos

hvala

Paljonko...maksaa?

Koliko košta...?

en ymmärrä

ne razumijem

ongelma

problem

Hyvää iltaa!

dobro veče!

Hyvää huomenta!

Dobro jutro!

Hyvää yötä!

Laku noć!

näkemiin

doviđenja

suunta

smjer

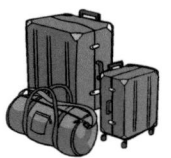

matkatavarat

prtljaga

laukku

torba

reppu

ruksak

vieras

gost

huone

soba

makuupussi

vreća za spavanje

teltta

šator

turisti-info

turističke informacije

ranta

plaža

luottokortti

kreditna kartica

aamupala

doručak

lounas

ručak

päivällinen

večera

matkalippu

karta za vožnju

hissi

dizalo

postimerkki

poštanska markica

raja

granica

tulli

carina

suurlähetystö

ambasada

viisumi

viza

passi

putovnica

kuljetus
transport

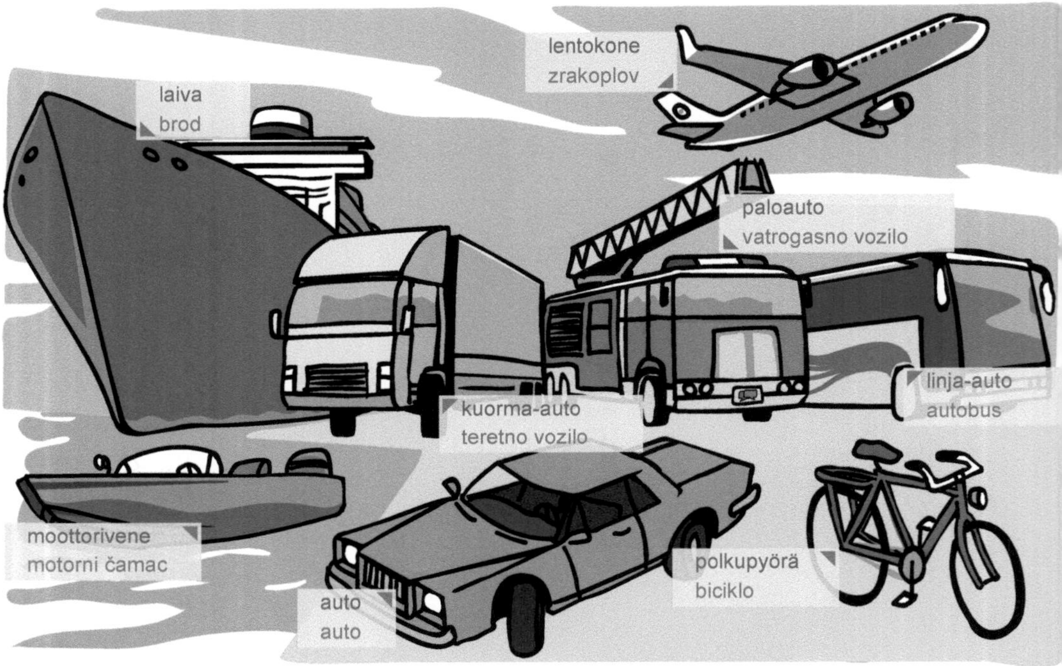
lentokone
zrakoplov
laiva
brod
paloauto
vatrogasno vozilo
linja-auto
autobus
kuorma-auto
teretno vozilo
moottorivene
motorni čamac
polkupyörä
biciklo
auto
auto

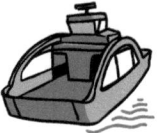

lautta
trajekt

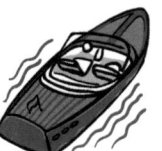

vene
čamac

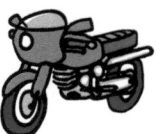

moottoripyörä
motocikl

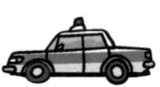

poliisiauto
policijski auto

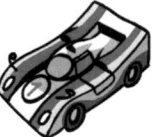

kilpa-auto
trkaći auto

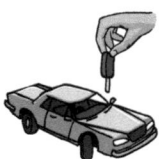

vuokra-auto
iznajmljeno auto

car sharing

dijeljenje automobila

hinausauto

vučno vozilo

roska-auto

vozilo za odvoz smeća

moottori

motor

polttoaine

benzin

huoltoasema

benzinska postaja

liikennemerkki

prometni znak

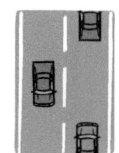

liikenne

promet

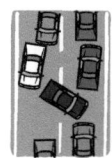

ruuhka

zastoj

parkkipaikka

parkiralište

rautatieasema

kolodvor

raiteet

šine

juna

vlak

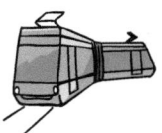

raitiovaunu

tramvaj

vaunu

vagon

helikopteri

helikopter

lentokenttä

zrakoplovna luka

lähilennonjohto

toranj

matkustaja

putnik

kontti

kontejner

pahvilaatikko

karton

kärryt

kolica

kori

košara

nousta / laskea

uzletjeti / sletjeti

kaupunki
grad

kylä

selo

keskusta

centar grada

talo

kuća

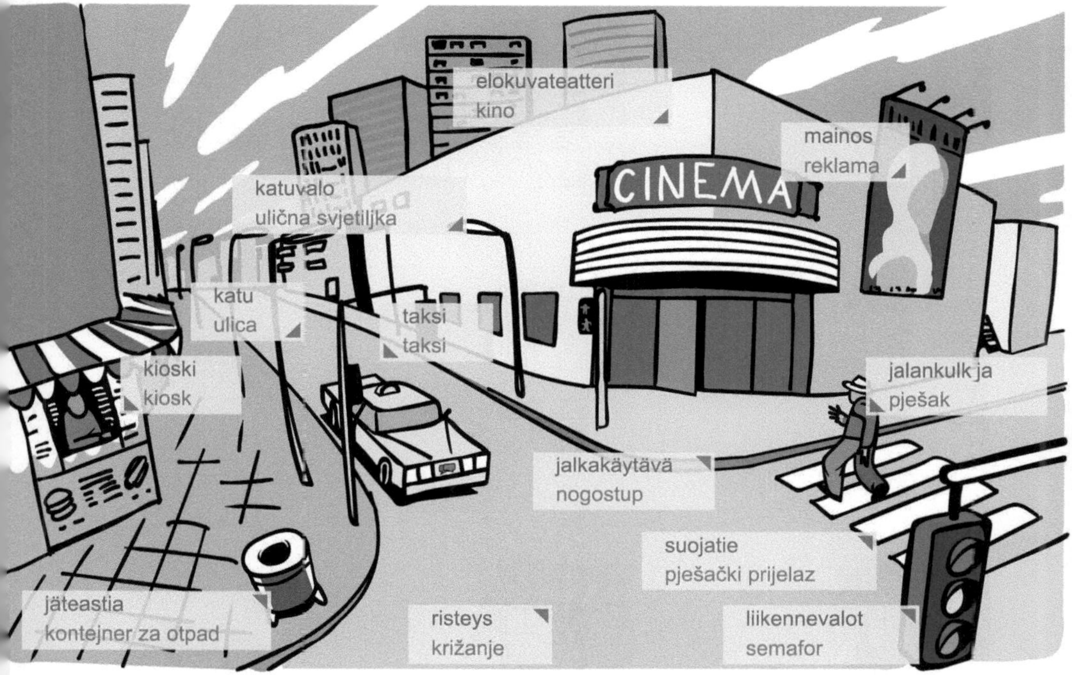

elokuvateatteri
kino

mainos
reklama

katuvalo
ulična svjetiljka

CINEMA

katu
ulica

taksi
taksi

kioski
kiosk

jalankulkija
pješak

jalkakäytävä
nogostup

suojatie
pješački prijelaz

jäteastia
kontejner za otpad

risteys
križanje

liikennevalot
semafor

mökki
....
koliba

kerrostalo
....
stan

rautatieasema
....
kolodvor

kaupungintalo
....
vijećnica

museo
....
muzej

koulu
....
škola

yliopisto

sveučilište

pankki

banka

sairaala

bolnica

hotelli

hotel

apteekki

ljekarna

toimisto

ured

kirjakauppa

knjižara

liike

prodavaonica

kukkakauppa

cvjećara

supermarketti

supermarket

tori

trg

tavaratalo

robna kuća

kalakauppias

ribarnica

ostoskeskus

trgovački centar

satama

luka

puisto

park

penkki

klupa

silta

most

portaat

stepenice

metro

podzemna željeznica

tunneli

tunel

linja-autopysäkki

autobusna stanica

baari

bar

ravintola

restoran

postilaatikko

poštansko sanduče

katukyltti

ulični znak

parkkimittari

parkirni sat

eläintarha

zoološki vrt

uimala

bazen

moskeija

džamija

maatila

seosko gazdinstvo

ympäristön saastuminen

zagađenje okoliša

hautausmaa

groblje

kirkko

crkva

leikkikenttä

igralište

temppeli

hram

maisema
krajolik

lehti
list

tienviitta
putokaz

tie
put

niitty
livada

kivi
kamen

retkeilijä
šetač

puu
drvo

joki
rijeka

ruoho
trava

kukka
cvijet

laakso

dolina

vuori

planina

järvi

jezero

metsä

šuma

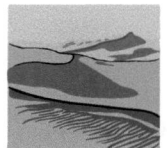

aavikko

pustinja

tulivuori

vulkan

linna

dvorac

sateenkaari

duga

sieni

gljiva

palmu

palma

hyttynen

moskito

kärpänen

muha

muurahainen

mrav

mehiläinen

pčela

hämähäkki

pauk

kovakuoriainen

buba

sammakko

žaba

orava

vjeverica

siili

jež

jänis

zec

pöllö

sova

lintu

ptica

joutsen

labud

villisika

divlja svinja

peura

jelen

hirvi

los

pato

nasip

tuulimylly

vjetrenjača

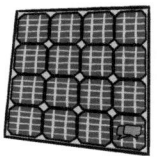

aurinkopaneeli

solarna ploča

ilmasto

klima

ravintola
restoran

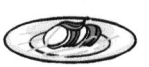

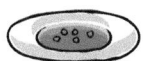

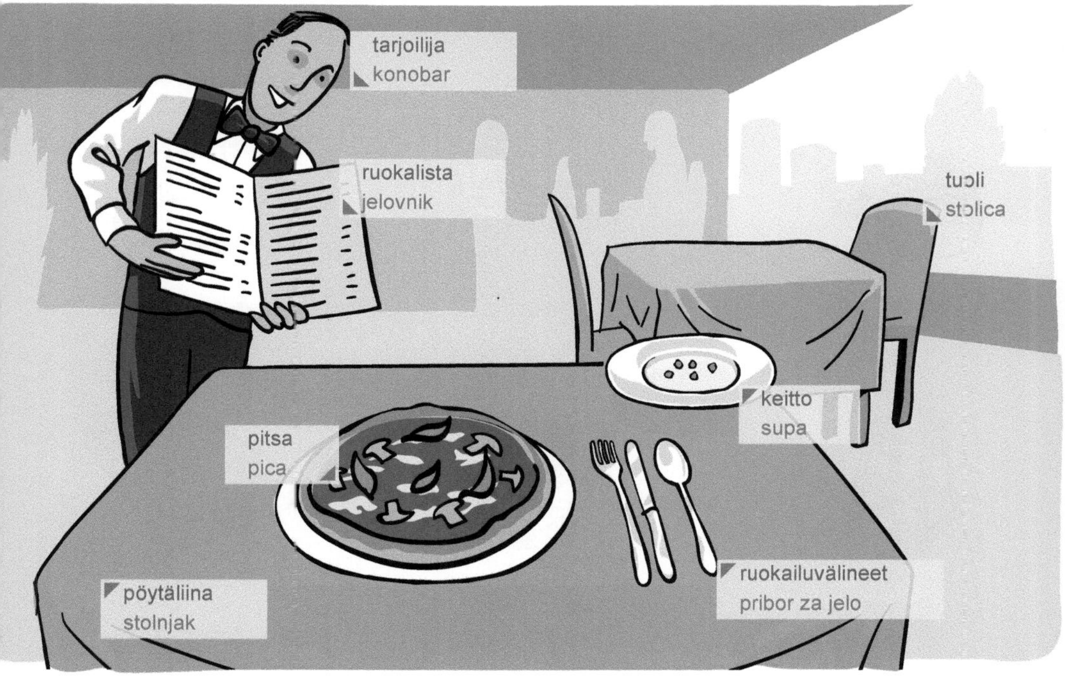
tarjoilija
konobar
ruokalista
jelovnik
tuɔli
stɔlica
keitto
supa
pitsa
pica
pöytäliina
stolnjak
ruokailuvälineet
pribor za jelo

alkuruoka

predjelo

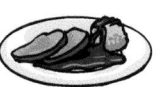

pääruoka

glavno jelo

jälkiruoka

desert

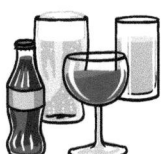

juomat

napitci

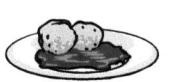

ruoka

jelo

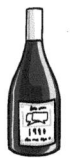

pullo

boca

pikaruoka

fastfood

katuruoka

imbis hrana

teekannu

čajnik

sokeriastia

doza za šećer

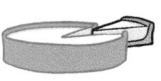

annos

porcija

espressokeitin

aparat za espresso

syöttötuoli

visoka stolica

lasku

račun

tarjotin

pladanj

veitsi

nož

haarukka

vilica

lusikka

žlica

teelusikka

čajna žlica

servietti

ubrus

lasi

čaša

lautanen
tanjur

syvä lautanen
tanjur za supu

aluslautanen
tanjurić

kastike
sos

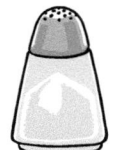

suolasirotin
soljenka

pippurimylly
mlin za biber

etikka
ocat

öljy
ulje

mausteet
začini

ketsuppi
kečap

sinappi
senf

majoneesi
majoneza

supermarketti
supermarket

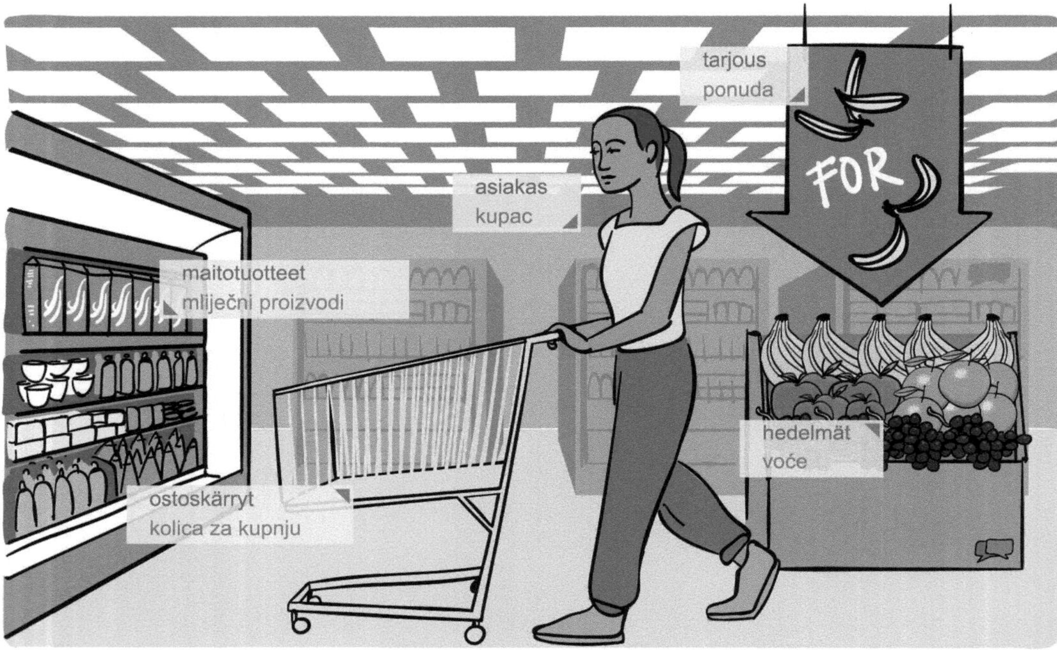
tarjous
ponuda
FOR
asiakas
kupac
maitotuotteet
mliječni proizvodi
hedelmät
voće
ostoskärryt
kolica za kupnju

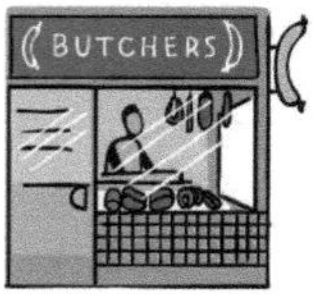
BUTCHERS

teurastamo

mesnica

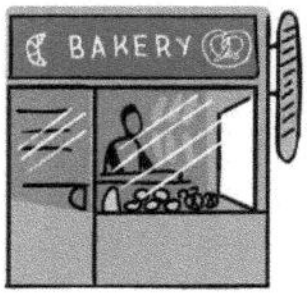
BAKERY

leipomo

pekarnica

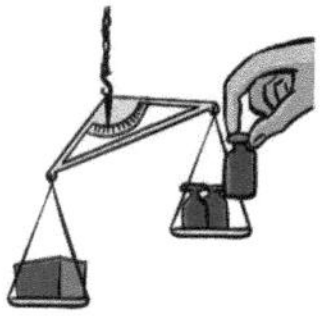

punnita

vagati

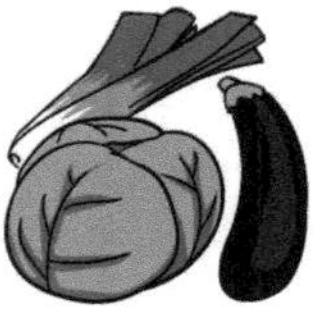

kasvikset

povrće

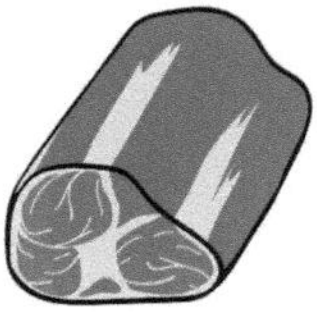

liha

meso

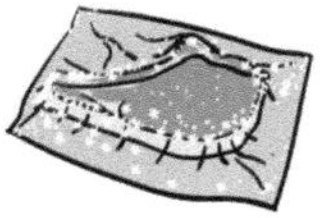

pakasteet

duboko smrznuta hrana

leikkele

narezak

säilykkeet

konzerve

pesujauhe

sredstvo za pranje

makeiset

slatkiši

kotitaloustarvikkeet

artikli za domaćinstvo

puhdistusaineet

sredstva za čišćenje

myyjä

prodavačica

kassa

blagajna

kassanhoitaja

blagajnik

ostoslista

lista za kupnju

aukioloajat

vrijeme rada

lompakko

novčanik

luottokortti

kreditna kartica

kassi

torba

muovipussi

plastična vrećica

vesi

voda

mehu

sok

maito

mlijeko

kokis

cola

viini

vino

olut

pivo

alkoholi

alkohol

kaakao

kakao

tee

čaj

kahvi

kava

espresso

espresso

cappuccino

cappuccino

banaani

banana

omena

jabuka

appelsiini

naranča

meloni

lubenica

sitruuna

limun

porkkana

mrkva

valkosipuli

češnjak

bambu

bambus

sipuli

luk

sieni

gljiva

pähkinät

orašasti plodovi

spagetti

rezanci

spagetti

špagete

riisi

riža

salaatti

salata

ranskalaiset

pomfrit

paistetut perunat

pečeni krumpir

pitsa

pica

hampurilainen

hamburger

voileipä

sendvič

leike

šnicla

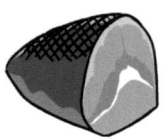

kinkku

pršut

salami

salama

makkara

kobasica

kana

kokoš

paisti

pečenje

kala

riba

kaurahiutaleet

zobene pahuljice

mysli

musli

murot

kukuruzne pahuljice

jauho

brašno

voisarvi

roščić

sämpylä

pecivo

leipä

kruh

paahtoleipä

toast

keksit

keksi

voi

maslac

rahka

svježi sir

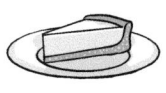

kakku

kolač

kananmuna

jaje

paistettu kananmuna

jaje na oko

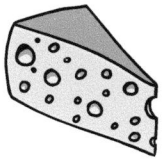

juusto

sir

ruoka - jelo

jäätelö

sladoled

sokeri

šećer

hunaja

med

hillo

marmelada

suklaapähkinälevite

nugat krema

curry

curry

maatila
seosko gazdinstvo

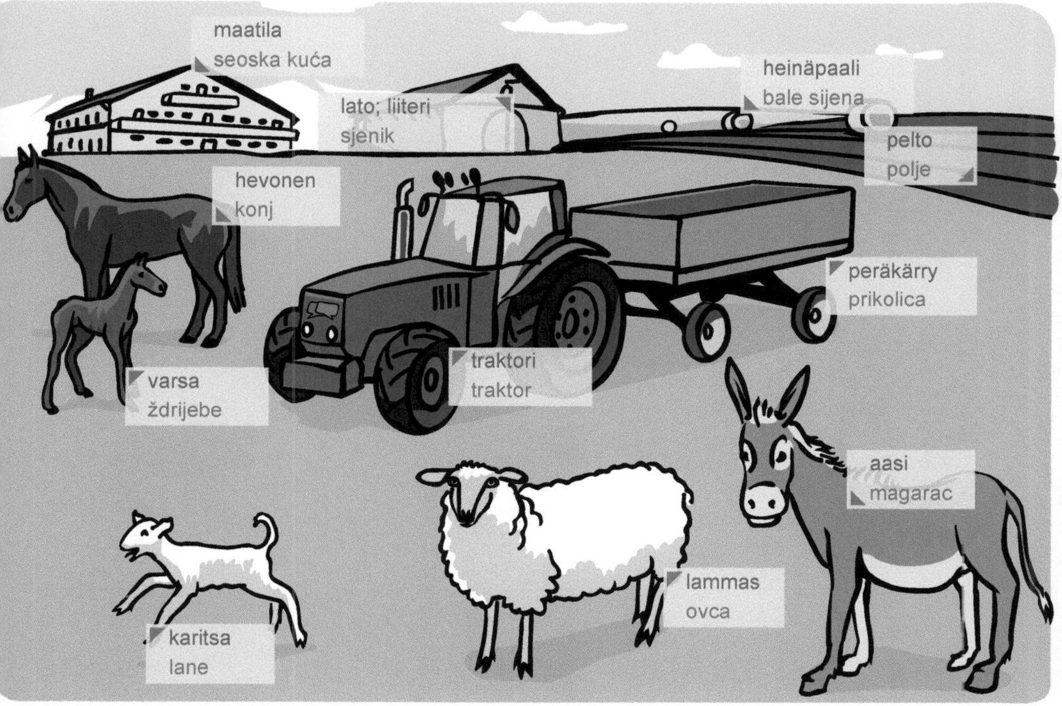
maatila
seoska kuća
lato; liiteri
sjenik
heinäpaali
bale sijena
pelto
polje
hevonen
konj
peräkärry
prikolica
traktori
traktor
varsa
ždrijebe
aasi
magarac
lammas
ovca
karitsa
lane

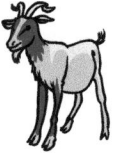

vuohi

koza

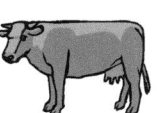

lehmä

krava

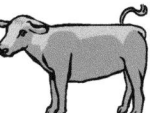

vasikka

tele

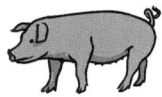

sika

svinja

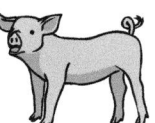

porsas

prase

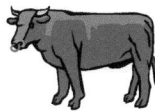

sonni

bik

hanhi

guska

ankka

patka

tipu

pilići

kana

kokoš

kukko

pijetao

rotta

pacov

kissa

mačka

hiiri

miš

härkä

vol

koira

pas

koirankoppi

kućica za psa

puutarhaletku

vrtno crijevo

kastelukannu

kanta za polijevanje

viikate

kosa

aura

plug

sirppi

srp

kuokka

motika

talikko

vilica za gnojivo

kirves

sjekira

kottikärryt

tačke

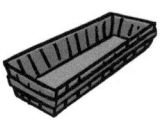

kaukalo

korito

maitokannu

posuda za mlijeko

säkki

vreća

aita

ograda

talli

štala

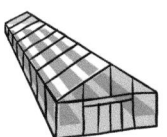

kasvihuone

staklenik

maa

zemlja

siemen

sjeme

lannoite

gnojivo

leikkuupuimuri

kombajn

kerätä sato

žanjati

sato

žetva

jamssit

yams začin

vehnä

pšenica

soija

soja

peruna

krumpir

maissi

kukuruz

rypsi

uljana repica

hedelmäpuu

voćka

maniokki

gomolj manioke

vilja

žitarice

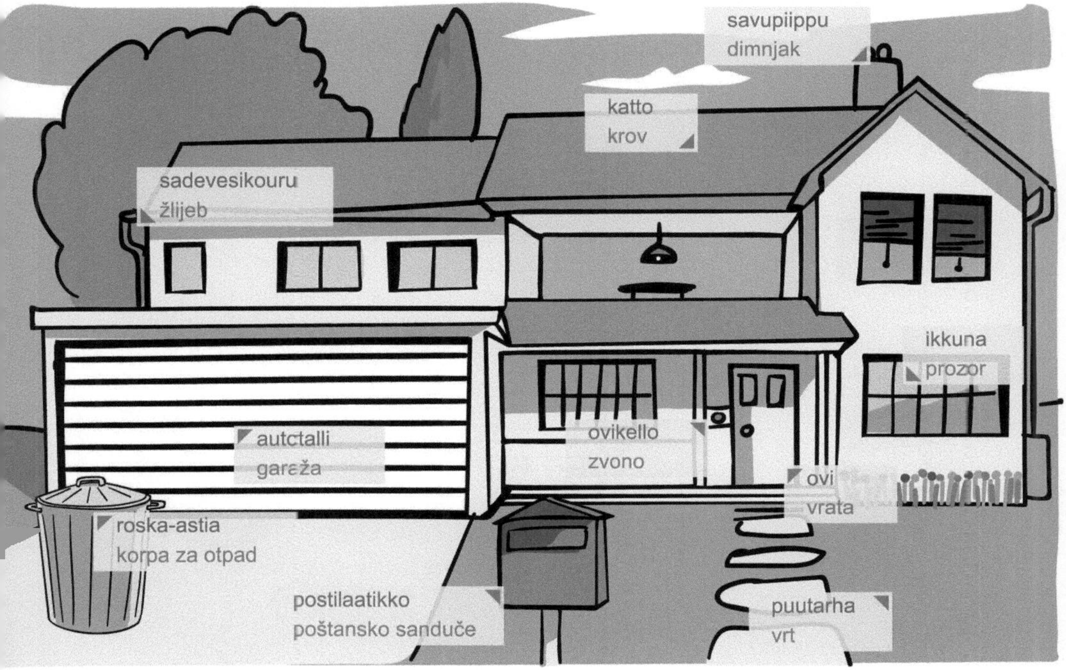

savupiippu
dimnjak

katto
krov

sadevesikouru
žlijeb

ikkuna
prozor

autctalli
gareža

ovikello
zvono

ovi
vrata

roska-astia
korpa za otpad

postilaatikko
poštansko sanduče

puutarha
vrt

olohuone
dnevna soba

kylpyhuone
kupaonica

keittiö
kuhinja

makuuhuone
spavaća soba

lastenhuone
dječija soba

ruokahuone
trpezarija

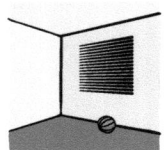

lattia

pod

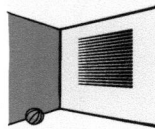

seinä

zid

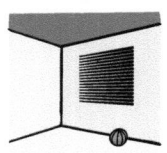

katto

strop

kellari

podrum

sauna

sauna

parveke

balkon

terassi

terasa

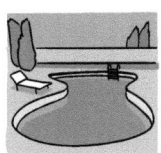

uima-allas

bazen

ruohonleikkuri

kosilica za travu

lakana

posteljina za krevet

päiväpeitto

deka za krevet

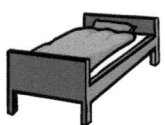

sänky

krevet

harja

metla

ämpäri

kanta

katkaisin

sklopka

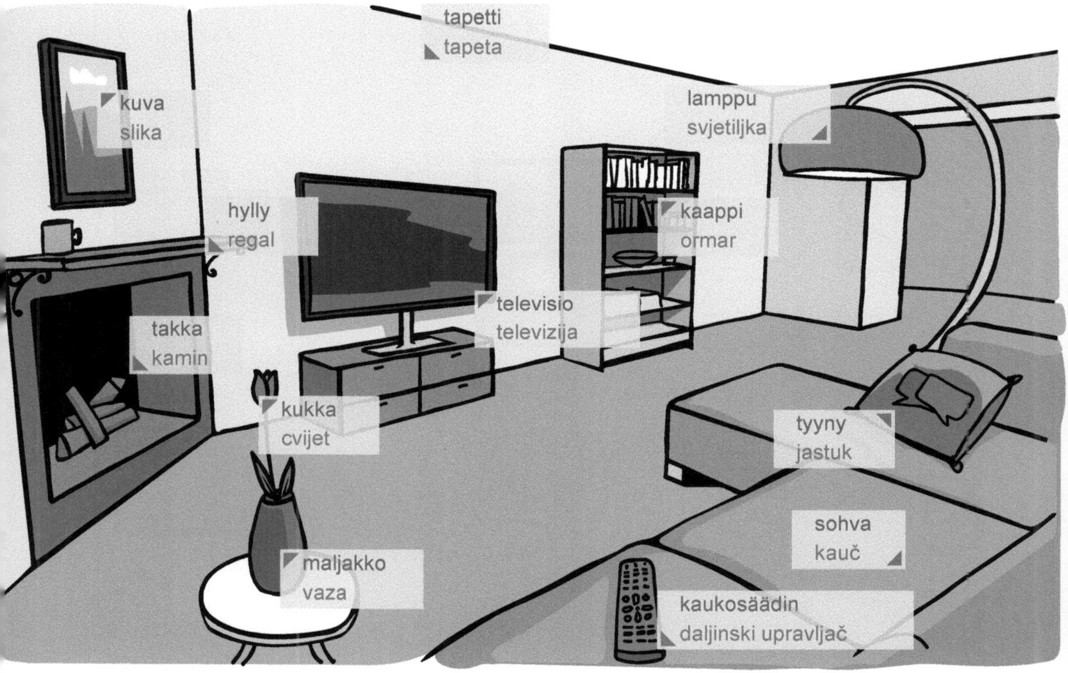

tapetti
tapeta

kuva
slika

lamppu
svjetiljka

hylly
regal

kaappi
ormar

takka
kamin

televisio
televizija

kukka
cvijet

tyyny
jastuk

sohva
kauč

maljakko
vaza

kaukosäädin
daljinski upravljač

matto
tepih

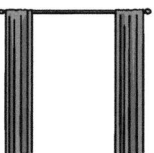

verho
zavjesa

pöytä
stol

tuoli
stolica

keinutuoli
stolica za njihanje

nojatuoli
fotelja

kirja

knjiga

peitto

deka

koriste

dekoracija

polttopuut

drvo za ogrjev

elokuva

film

stereot

stereo uređaj

avain

ključ

sanomalehti

novine

maalaus

slika na platnu

juliste

poster

radio

radio

muistivihko

blok za pisanje

pölynimuri

usisavač

kaktus

kaktus

kynttilä

svijeća

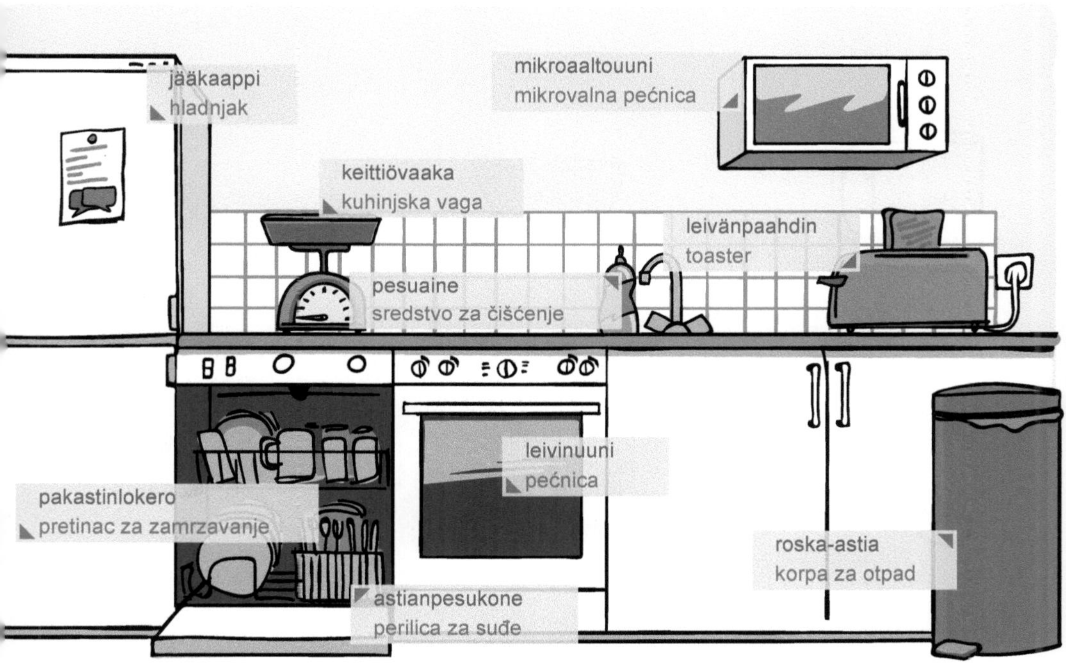

jääkaappi
hladnjak

mikroaaltouuni
mikrovalna pećnica

keittiövaaka
kuhinjska vaga

leivänpaahdin
toaster

pesuaine
sredstvo za čišćenje

leivinuuni
pećnica

pakastinlokero
pretinac za zamrzavanje

roska-astia
korpa za otpad

astianpesukone
perilica za suđe

liesi
štednjak

kattila
lonac

rautapata
željezni lonac

vokkipannu / kadai-pannu
wok / kadai

paistinpannu
tava

teepannu
kuhalo za vodu

höyrykeitin

kuhalo na paru

uunipelti

lim za pečenje

astiat

posuđe

muki

čaša

kulho

zdjela

syömäpuikot

štapići za jelo

kauha

kutljača

paistinlasta

lopatica

vispilä

pjenjača

siivilä

sito za kuhanje

siivilä

sito

raastin

ribež

mortteli

mužar

grilli

roštilj

avotuli

ognjište

leikkuulauta

daska

kaulin

oklagija

korkinavaaja

vadičep

purkki

konzerva

purkinavaaja

otvarač konzervi

pannulappu

krpa za lonac

lavuaari

sudoper

tiskiharja

četka

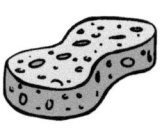

pesusieni

spužva

tehosekoitin

mikser

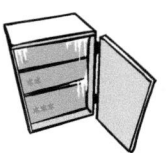

pakastin

zamrzivač

tuttipullo

bočica za bebe

vesihana

slavina za vodu

kylpyhuone
kupaonica

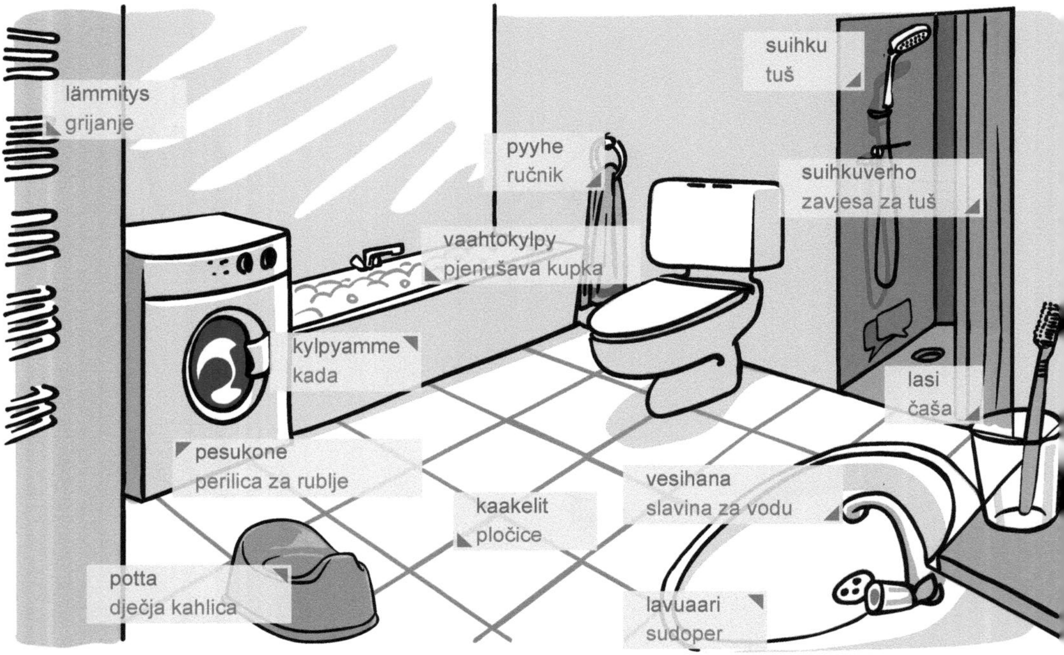
lämmitys
grijanje
pyyhe
ručnik
suihku
tuš
suihkuverho
zavjesa za tuš
vaahtokylpy
pjenušava kupka
kylpyamme
kada
lasi
čaša
pesukone
perilica za rublje
vesihana
slavina za vodu
kaakelit
pločice
potta
dječja kahlica
lavuaari
sudoper

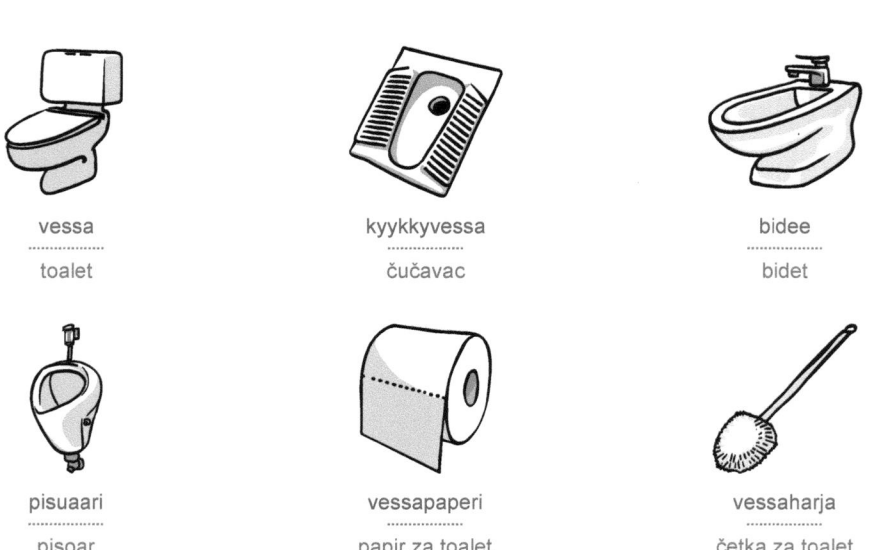

vessa

toalet

kyykkyvessa

čučavac

bidee

bidet

pisuaari

pisoar

vessapaperi

papir za toalet

vessaharja

četka za toalet

hammasharja

četkica za zube

hammastahna

pasta za zube

hammaslanka

konac za zube

pestä

prati

käsisuihku

tuš ručica

intiimisuihku

tuš za pranje intimnih
dijelova

pesuvati

lavor

selkäharja

četka za pranje leđa

saippua

sapun

suihkugeeli

gel za tuširanje

shampoo

šampon

pesulappu

krpa za pranje

viemäri

odvod

voide

krema

deodorantti

dezodorans

peili

ogledalo

käsipeili

kozmetičko ogledalo

partaveitsi

brijač

partavaahto

pjena za brijanje

partavesi

losion za poslije brijanja

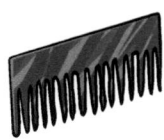

kampa

češalj

harja

četka

hiustenkuivaaja

sušilo za kosu

hiuslakka

sprej za kosu

meikki

makeup

huulipuna

ruž za usne

kynsilakka

lak za nokte

pumpuli

vata

kynsisakset

škare za nokte

hajuvesi

parfem

kylpyhuone - kupaonica

kosmetiikkalaukku

neseser

jakkara

stolica

vaaka

vaga

kylpytakki

ogrtač

kumihansikkaat

rukavice za čišćenje

tamponi

tampon

terveysside

uložak

kemiallinen wc

kemijski toalet

lastenhuone
dječija soba

herätyskello
budilnik
pehmolelu
plišana igračka
leikkiauto
auto igračka
helistin
zvečka
nukkekoti
kućica za lutke
lahja
poklon

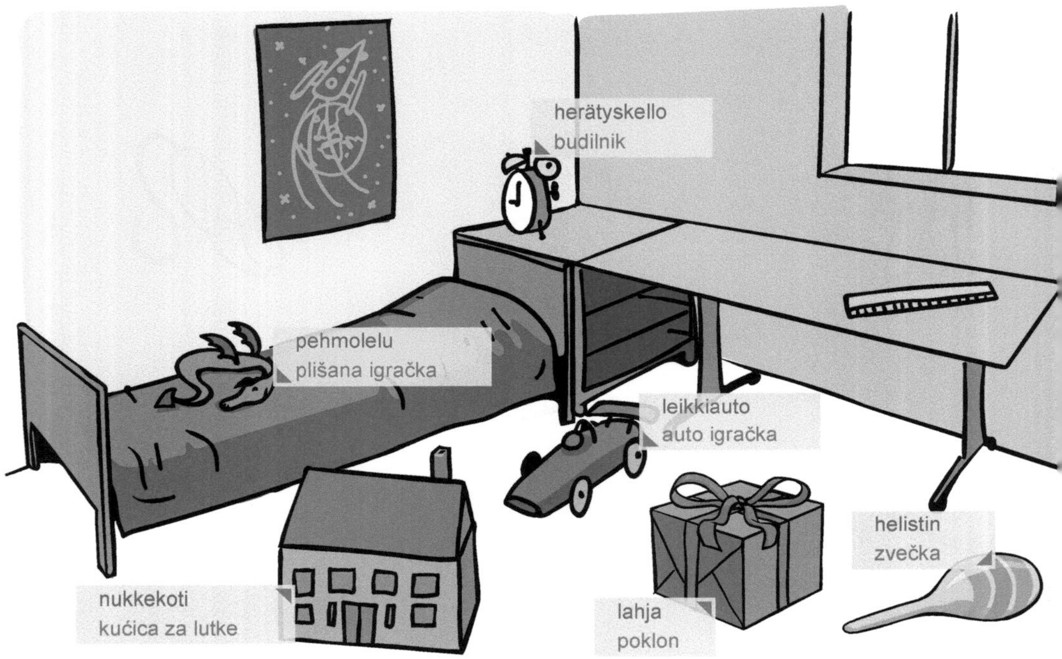

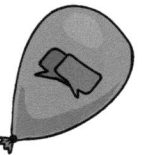

ilmapallo

balon

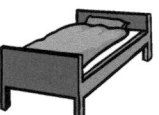

sänky

krevet

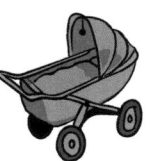

lastenvaunut

dječija kolica

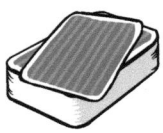

korttipeli

igra s kartama

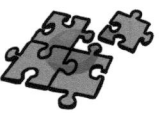

palapeli

slagalica

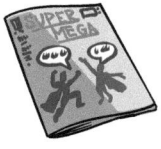

sarjakuva

strip

legopalikat

lego kockice

rakennuspalikat

kockice za slaganje

supersankari

akcioni junak

potkupuku

kombinezon za bebe

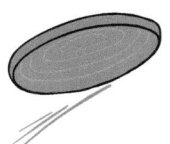

frisbee

frizbi

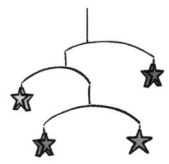

mobile

viseće igračke

lautapeli

društvene igre

noppa

kocka

pienoisjunarata

minijaturna željeznica

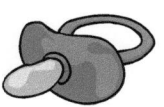

tutti

duda

juhlat

tulum

kuvakirja

slikovnica

pallo

lopta

nukke

lutka

leikkiä

igrati

hiekkalaatikko

pješčanik

keinu

ljuljačka

lelut

igračka

pelikonsoli

konzola za igre

kolmipyörä

tricikl

nalle

plišani medo

vaatekaappi

ormar

vaatteet
odjeća

sukat

kratke čarape

nylonsukat

čarape

sukkahousut

hulahopke

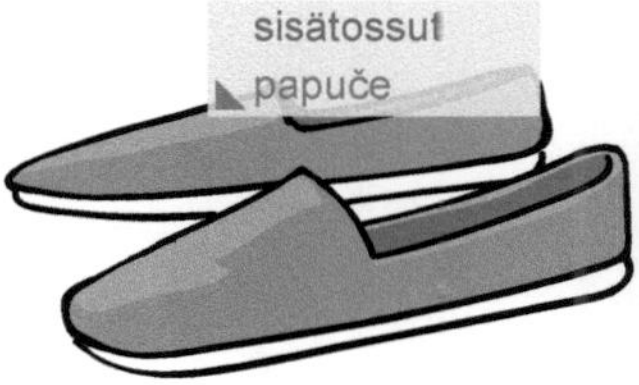

kaulaliina
šal

sateenvarjo
kišobran

t-paita
t-shirt

vyö
kaiš

saappaat
čizme

sisätossut
papuče

lenkkarit
patike

sandaalit
....
sandale

kengät
....
cipele

kumisaappaat
....
gumene čizme

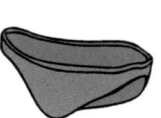

alushousut
....
gaćice

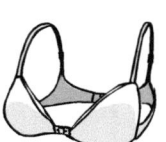

rintaliivit
....
grudnjak

aluspaita
....
potkošulja

body
bodi

housut
hlače

farkut
džins

hame
haljina

pusero
bluza

paita
košulja

villapaita
džemper

collegepaita
pulover s kapuljačom

jakku
blejzer

takki
jakna

takki
kaput

sadetakki
kabanica

puku
kostim

mekko
haljina

hääpuku
vjenčanica

puku
odijelo

yöpaita
spavaćica

pyjama
pidžama

shari
sari

päähuivi
rubac

turbaani
turban

burka
burka

kaftaani
kaftan

abaya
abaja

uimapuku
kupaći kostim

uimahousut
kupaće gaćice

shortsit
kratke hlače

verkkarit
odjeća za trening

esiliina
pregača

käsineet
rukavice

nappi

gumb

silmälasit

naočale

rannekoru

narukvica

kaulakoru

ogrlica

sormus

prsten

korvakoru

naušnica

lippalakki

kapa

ripustin

vješalica

hattu

šešir

solmio

kravata

vetoketju

patent zatvarač

kypärä

kaciga

henkselit

naramenice

koulupuku

školska uniforma

univormu

uniforma

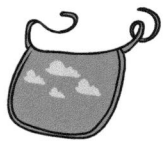

ruokalappu

podbradak

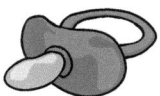

tutti

duda

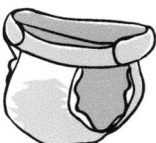

vaippa

pelena

toimisto

ured

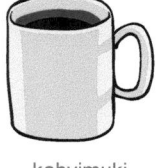

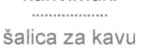

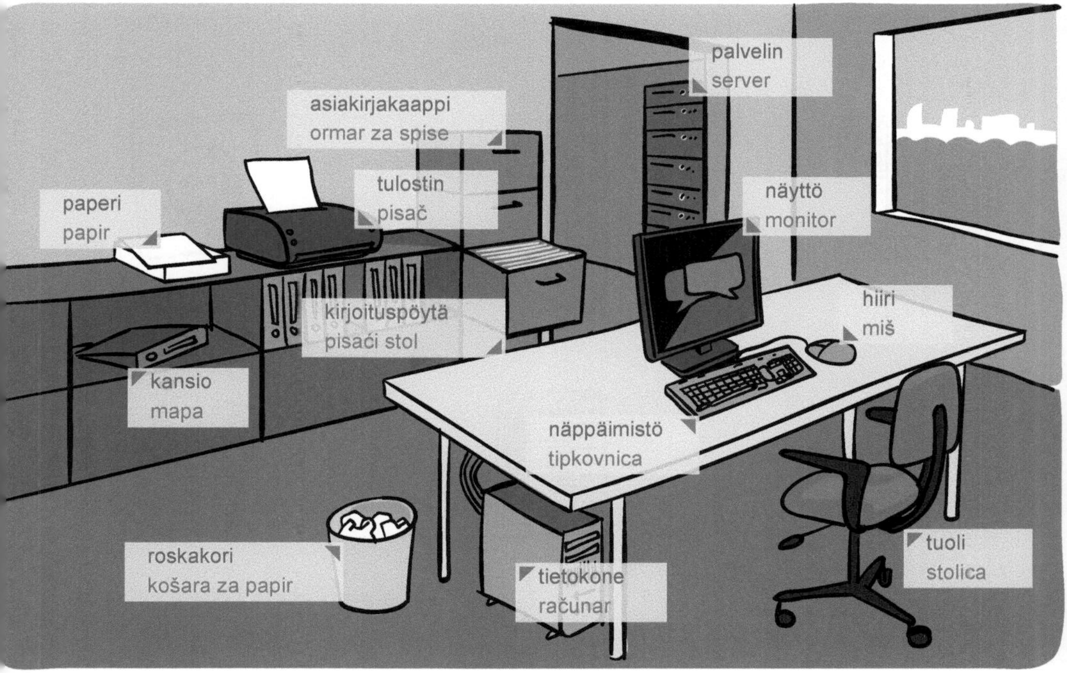

palvelin
server
asiakirjakaappi
ormar za spise
tulostin
pisač
paperi
papir
näyttö
monitor
hiiri
miš
kirjoituspöytä
pisaći stol
kansio
mapa
näppäimistö
tipkovnica
roskakori
košara za papir
tietokone
računar
tuoli
stolica

kahvimuki

šalica za kavu

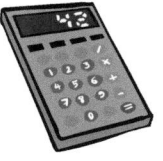

taskulaskin

kalkulator

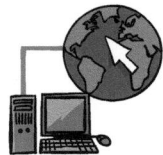

internet

internet

kannettava tietokone

laptop

kirje

pismo

viesti

poruka

kännykkä

mobilni telefon

verkko

mreža

kopiokone

uređaj za kopiranje

ohjelmisto

softver

puhelin

telefon

pistorasia

utičnica

faksi

faks

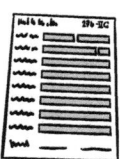

lomake

obrazac

asiakirja

dokument

ostaa

kupovati

maksaa

platiti

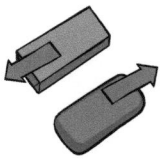

vaihtaa

trgovati

raha

novac

dollari

dolar

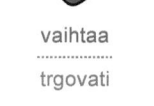

euro

euro

jeni

jen

rupla

rubalj

frangi

švicarski franak

renminbi juan

renmindbi yuan

rupia

rupija

pankkiautomaatti

automat za novac

rahanvaihto	kulta	hopea
mjenjačnica	zlato	srebro

öljy	energia	hinta
nafta	energija	cijena
		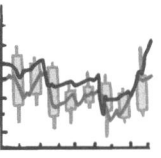
sopimus	vero	osake
ugovor	porez	dionica

työskennellä	työntekijä	työnantaja
raditi	službenik	poslodavac

tehdas	liike	
tvornica	prodavaonica	

ammatit
zanimanja

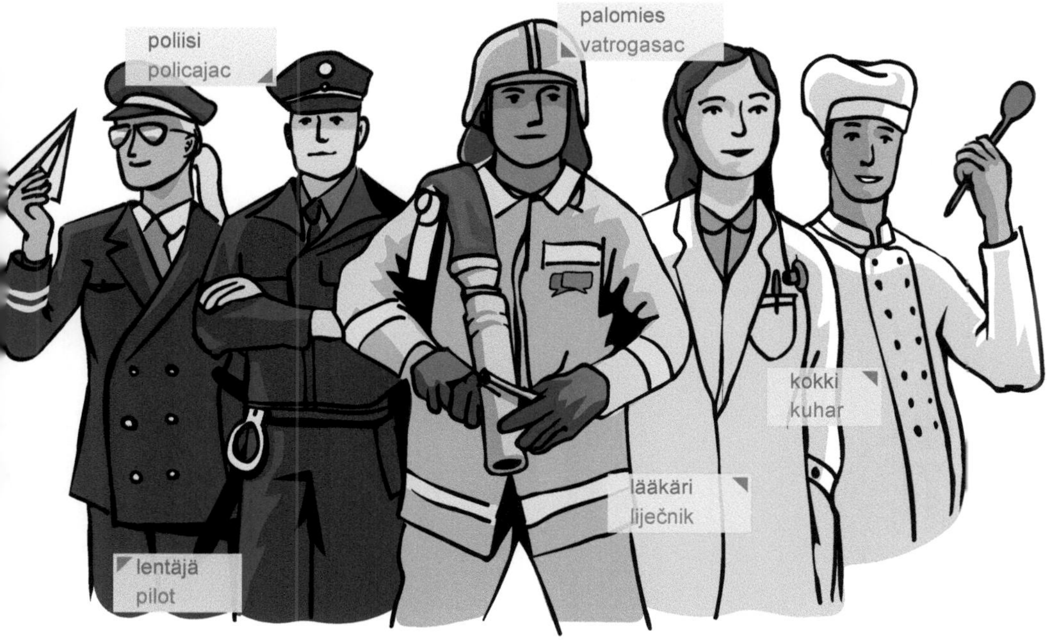
poliisi
policajac
palomies
vatrogasac
kokki
kuhar
lääkäri
liječnik
lentäjä
pilot

puutarhuri

vrtlar

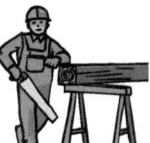

puuseppä

stolar

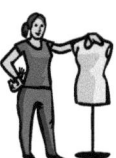

ompelija

krojačica

tuomari

sudija

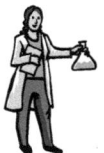

kemisti

kemičar

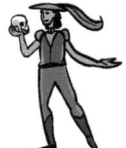

näyttelijä

glumac

linja-autonkuljettaja

vozač autobusa

taksinkuljettaja

vozač taksija

kalastaja

ribar

siivooja

čistačica

katontekijä

krovopokrivač

tarjoilija

konobar

metsästäjä

lovac

maalari

slikar

leipuri

pekar

sähköasentaja

električar

rakentaja

građevinski radnik

insinööri

inženjer

teurastaja

mesar

putkiasentaja

limar

postinjakaja

poštar

sotilas

vojnik

arkkitehti

arhitekta

kassanhoitaja

blagajnik

floristi

cvjećar

kampaaja

frizer

konduktööri

kondukter

mekaanikko

mehaničar

kapteeni

kapetan

hammaslääkäri

zubar

tiedemies

znanstvenik

rabbi

rabi

imaami

imam

munkki

monah

pappi

svećenik

työkalut
alati

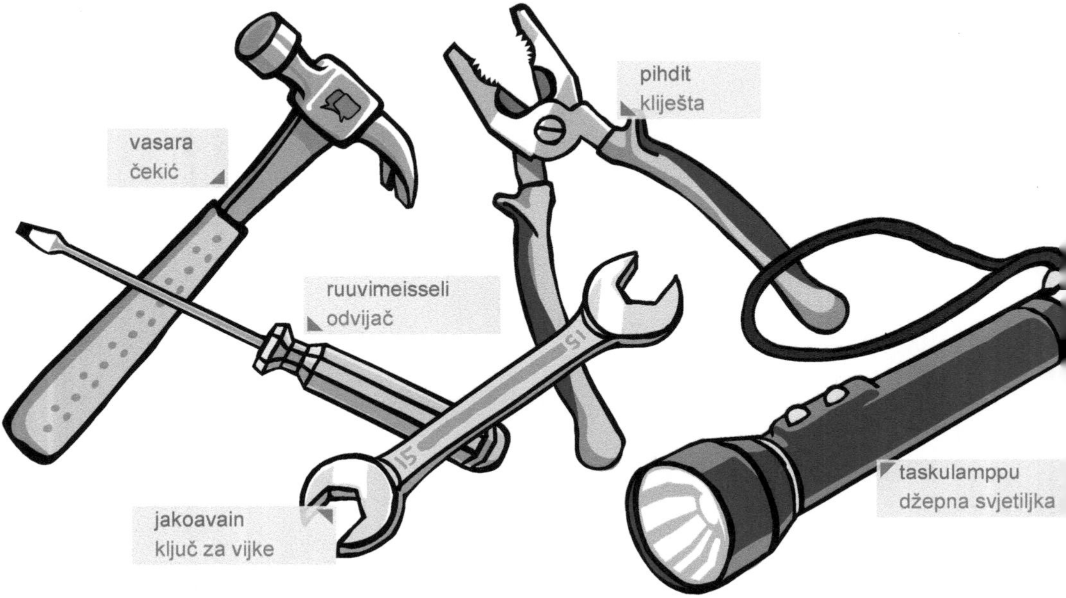

vasara
čekić
pihdit
kliješta
ruuvimeisseli
odvijač
jakoavain
ključ za vijke
taskulamppu
džepna svjetiljka

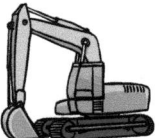

kaivinkone

rovokopač

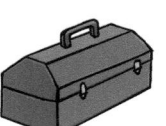

työkalupakki

kutija za alat

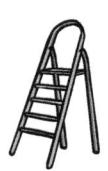

tikkaat

ljestve

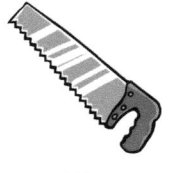

saha

pila

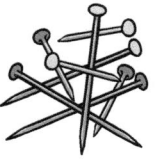

naulat

ekser

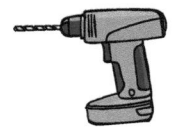

pora

bušilica

korjata
....
popraviti

lapio
....
lopata

Hitto!
....
Sranje!

rikkalapio
....
lopatica

maalipurkki
....
lonac za boju

ruuvit
....
vijci

soittimet

glazbeni instrument

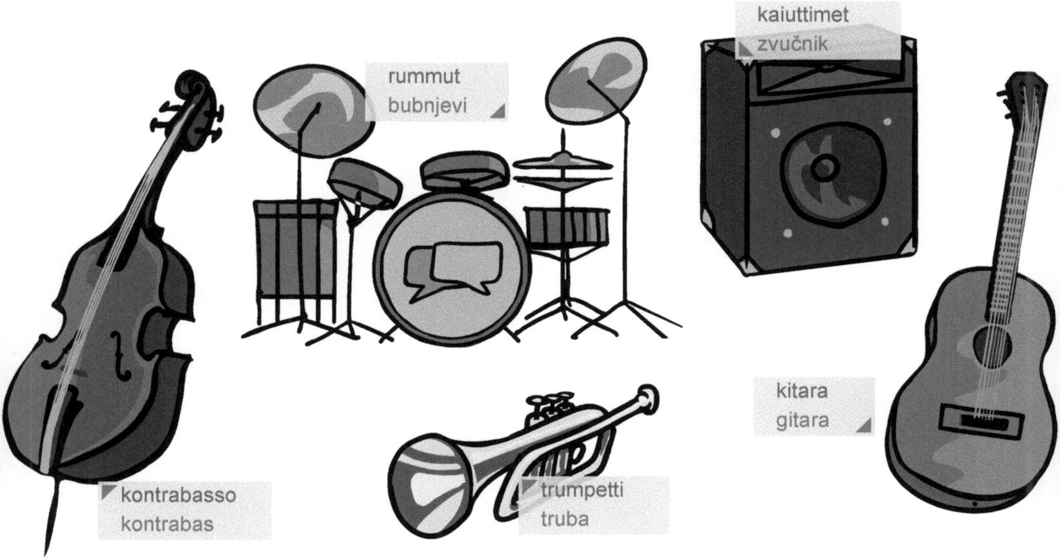

kaiuttimet
zvučnik

rummut
bubnjevi

kontrabasso
kontrabas

trumpetti
truba

kitara
gitara

piano

klavir

viulu

violina

basso

bas

patarummut

timpani

rumpu

udaraljke za bubnjeve

kosketinsoitin

keyboard

saksofoni

saksofon

huilu

flauta

mikrofoni

mikrofon

tiikeri
tigar

häkki
kavez

seepra
zebra

eläinten ruoka
hrana za zivotinje

sisäänkäynti
ulaz

panda
panda

eläimet

zivotinje

norsu

slon

kenguru

kengur

sarvikuono

nosorog

gorilla

gorila

karhu

medvjed

kameli

kamila

strutsi

noj

leijona

lav

apina

majmun

flamingo

flamingo

papukaija

papagaj

jääkarhu

polarni medvjed

pingviini

pingvin

hai

ajkula

riikinkukko

paun

käärme

zmija

krokotiili

krokodil

eläintarhanhoitaja

čuvar u zoološkom vrtu

hylje

tuljan

jaguaari

jaguar

poni

poni

leopardi

leopard

virtahepo

nilski konj

kirahvi

žirafa

kotka

orao

villisika

divlja svinja

kala

riba

kilpikonna

kornjača

mursu

morž

kettu

lisica

gaselli

gazela

amerikkalainen jalkapallo
američki nogomet

pyöräily
biciklizam

tennis
tenis

koripallo
košarka

uinti
plivanje

nyrkkeily
boks

jääkiekko
hockey na ledu

jalkapallo
nogomet

sulkapallo
badminton

yleisurheilu
atletika

käsipallo
rukomet

hiihto
skijanje

poolo
polo

hypätä
skočiti

nauraa
smijati se

halata
zagrliti

kävellä
ići

laulaa
pjevati

unelmoida
sanjati

rukoilla
moliti se

suudella
poljubiti

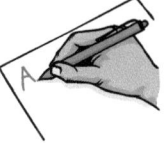

kirjoittaa
pisati

piirtää
crtati

näyttää
pokazati

painaa
gurati

antaa
dati

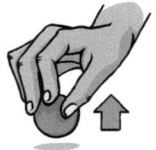

ottaa
uzeti

omistaa

imati

tehdä

činiti

olla

biti

seisoa

stojati

juosta

trčati

vetää

povlačiti

heittää

baciti

kaatua

padati

maata

ležati

odottaa

čekati

kantaa

nositi

istua

sjediti

pukeutua

oblačiti

nukkua

spavati

herätä

probuditi se

katsoa

gledati

itkeä

plakati

silittää

milovati

kammata

češljati

puhua

govoriti

ymmärtää

razumjeti

kysyä

pitati

kuunnella

slušati

juoda

piti

syödä

jesti

siivota

pospremiti

rakastaa

voljeti

keittää

kuhati

ajaa

voziti

lentää

letjeti

purjehtia

ploviti

laskea

računati

lukea

čitati

oppia

učiti

työskennellä

raditi

mennä naimisiin

vjenčati se

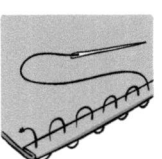

ommella

šiti

pestä hampaat

prati zube

tappaa

ubiti

tupakoida

pušiti

lähettää

poslati

perhe
obitelj

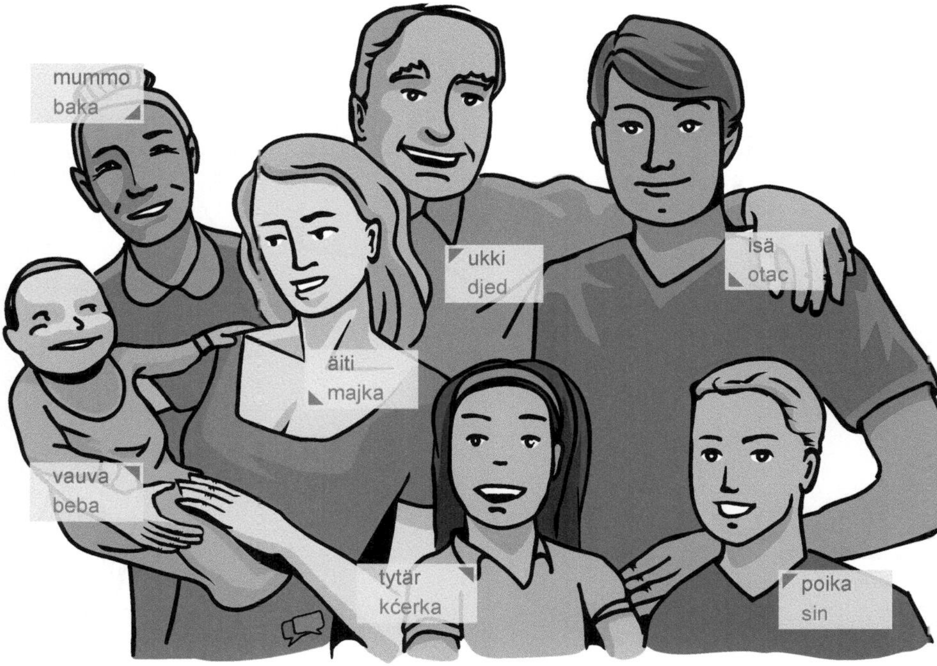
mummo
baka
ukki
djed
isä
otac
äiti
majka
vauva
beba
tytär
kćerka
poika
sin

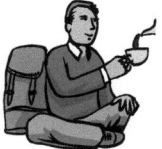

vieras

gost

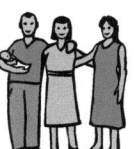

täti

tetka

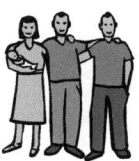

setä

ujak, stric

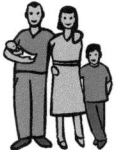

veli

brat

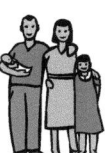

sisko

sestra

vartalo
tijelo

otsa
čelo
silmä
oko
olkapää
rame
sormet
prst
kasvot
lice
leuka
brada
käsi
ruka
jalka
noga
rinta
grudi
käsivarsi
ruka

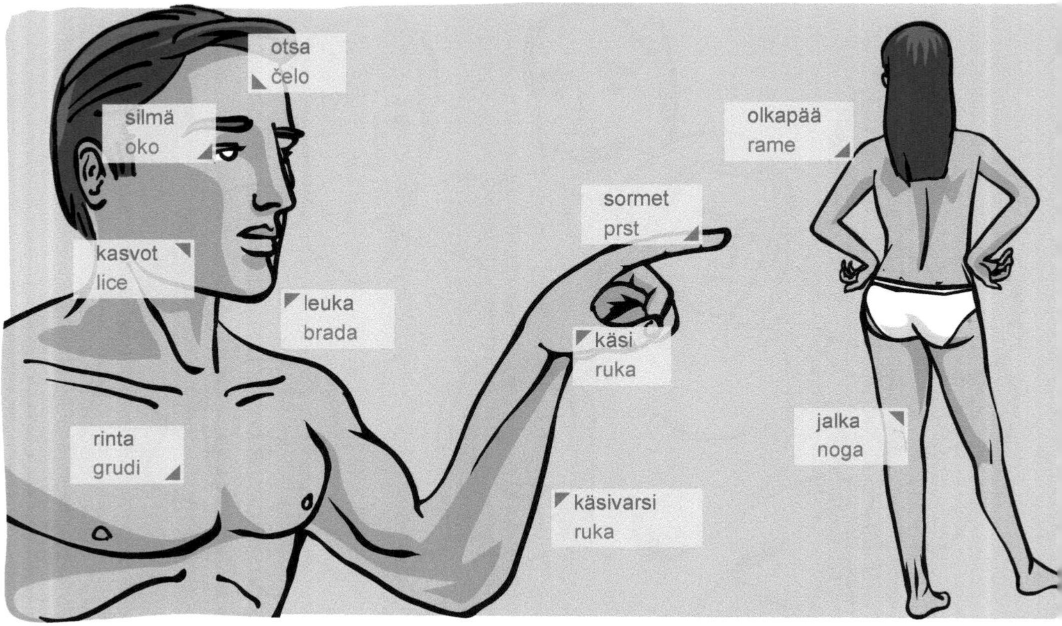

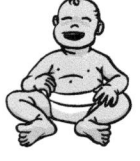

vauva

beba

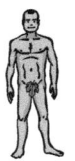

mies

muškarac

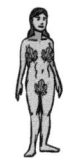

nainen

žena

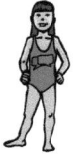

tyttö

djevojčica

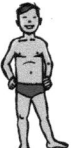

poika

dječak

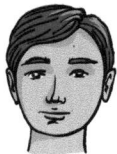

pää

glava

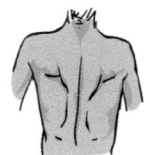

selkä
leđa

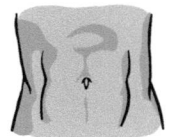

maha
trbuh

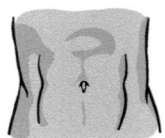

napa
pupak

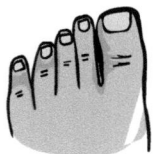

varvas
nožni prst

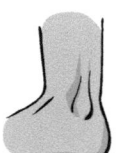

kantapää
peta

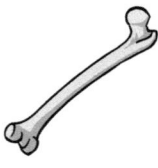

luu
kost

lantio
kuk

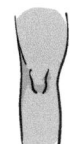

polvi
koljeno

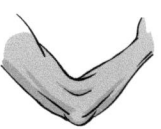

kyynärpää
lakat

nenä
nos

takapuoli
stražnjica

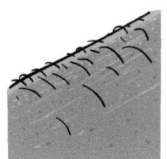

iho
koža

poski
obraz

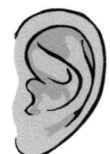

korva
uho

huuli
usna

suu

usta

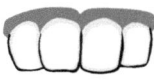

hammas

zub

kieli

jezik

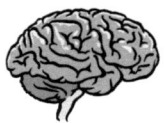

aivot

mozak

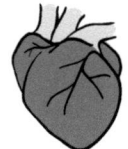

sydän

srce

lihas

mišić

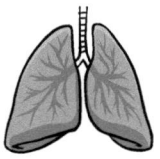

keuhkot

pluća

maksa

jetra

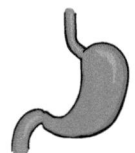

vatsa

želudac

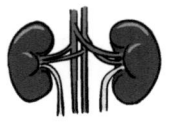

munuaiset

bubrezi

seksi

snošaj

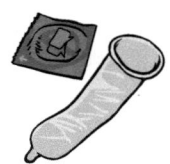

kondomi

kondom

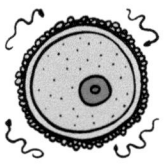

munasolu

jajna stanica

sperma

sperma

raskaus

trudnoća

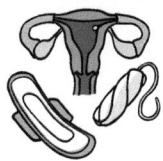

kuukautiset

menstruacija

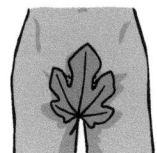

vagina

vagina

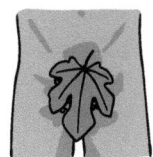

penis

penis

kulmakarvat

obrva

hiukset

kosa

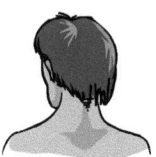

niska

vrat

sairaala
bolnica

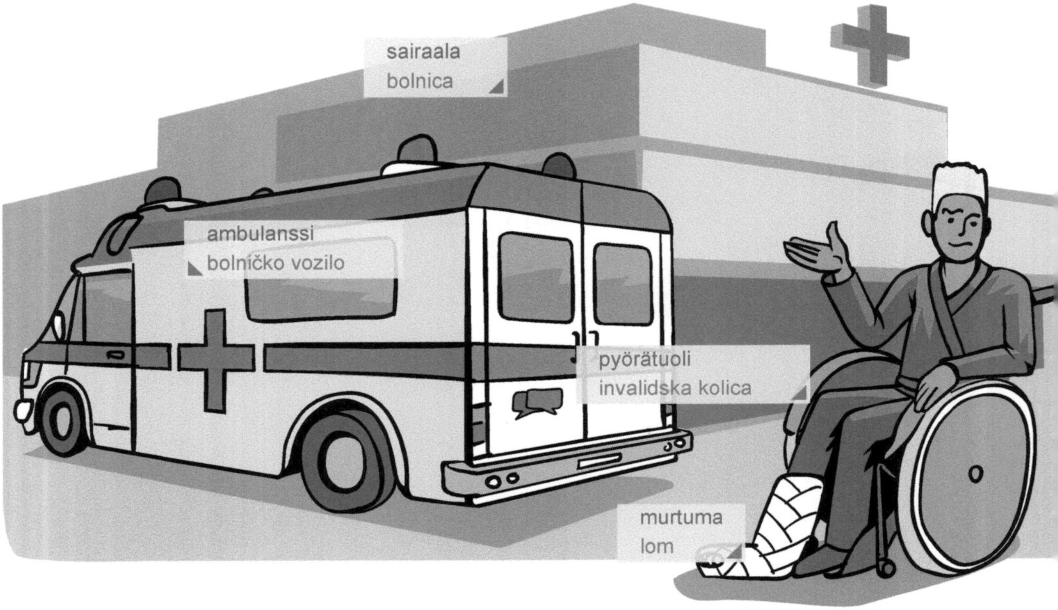

sairaala
bolnica
ambulanssi
bolničko vozilo
pyörätuoli
invalidska kolica
murtuma
lom

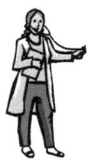

lääkäri

liječnik

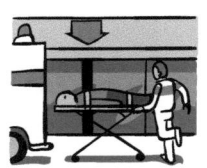

ensiapu

hitna medicinska služba

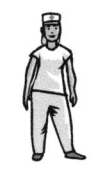

sairaanhoitaja

medicinska sestra

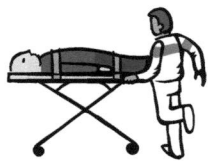

hätätilanne

hitni slučaj

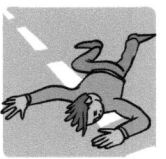

tajuton

nesvijest

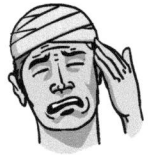

kipu

bol

vamma

ozljeda

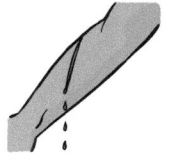

verenvuoto

krvarenje

sydänkohtaus

srćani infarkt

aivoinfarkti

moždani udar

allergia

alergija

yskä

kašalj

kuume

groznica

flunssa

gripa

ripuli

proljev

päänsärky

glavobolja

syöpä

rak

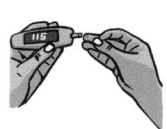

diabetes

dijabetes

kirurgi

kirurg

veitsi

skalpel

leikkaus

operacija

ct
ct

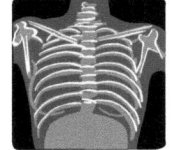

röntgen
rentgen

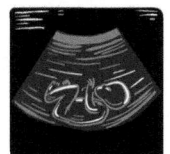

ultraääni
ultrazvuk

maski
maska

sairaus
bolest

odotushuone
čekaonica

sauva
štaka

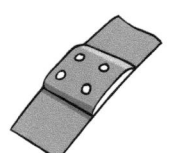

laastari
flaster

side
zavoj

pistos
injekcija

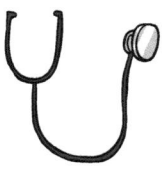

stetoskooppi
stetoskop

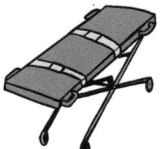

paarit
nosilo

kuumemittari
termometar

syntymä
rođenje

ylipaino
prekomjerna težina

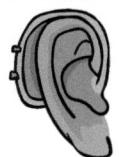

kuulolaite

slušni aparat

desinfiointiaine

sredstvo za dezinfekciju

infektio

infekcija

virus

virus

HIV / AIDS

hiv / sida

lääke

medicina

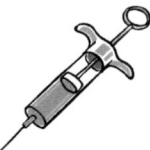

rokotus

vakcinacija

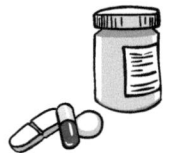

tabletit

tablete

pilleri

pilula

hätäpuhelu

poziv u pomoć

verenpainemittari

uređaj za mjerenje tlaka

sairas / terve

bolesno / zdravo

Apua!

pomoć!

hälytys

alarm

ryöstö

nasrtaj

hyökkäys

napad

vaara

opasnost

hätäuloskäynti

izlaz za nuždu

Tulipalo!

požar!

palosammutin

vatrogasni aparat

onnettomuus

nezgoda

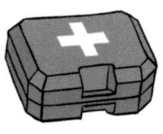

ensiapulaukku

kofer prve pomoći

SOS

sos

poliisilaitos

policija

Eurooppa

Europa

Pohjois-Amerikka

sjeverna amerika

Etelä-Amerikka

južna amerika

Afrikka

Afrika

Aasia

Azija

Australia

Australija

Atlantin valtameri

Atlantik

Tyynimeri

Pacifik

Intian valtameri

ocean

Eteläinen jäämeri

antarktički ocean

Pohjoinen jäämeri

arktički ocean

pohjoisnapa

sjeverni pol

etelänapa

južni pol

Antarktis

Antarktik

maa

zemlja

maa

zemlja

meri

more

saari

otok

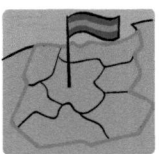

kansa

nacija

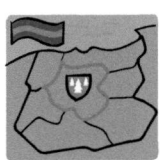

osavaltio

država

kellotaulu

brojčanik sata

tuntiviisari

satna kazaljka

minuuttiviisari

minutna kazaljka

sekuntiviisari

sekundna kazaljka

Paljonko kello on?

Koliko je sati?

päivä

dan

aika

vrijeme

nyt

sada

digitaalikello

digitalni sat

minuutti

minuta

tunti

sat

viikko
tjedan

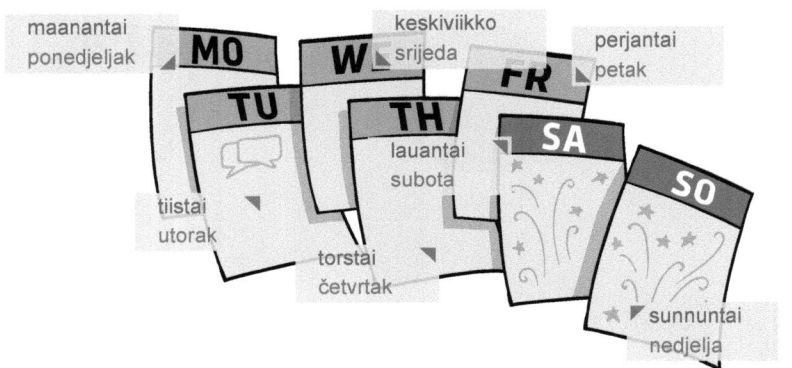

maanantai
ponedjeljak

tiistai
utorak

keskiviikko
srijeda

torstai
četvrtak

lauantai
subota

perjantai
petak

sunnuntai
nedjelja

eilen
jučer

tänään
danas

huomenna
sutra

aamu
jutro

keskipäivä
podne

ilta
večer

työpäivät
radni dani

viikonloppu
vikend

sade
kiša

sateenkaari
duga

lumi
snijeg

tuuli
vjetar

kevät
proljeće

syksy
jesen

kesä
ljeto

talvi
zima

4.APRIL	11°	☀
5.APRIL	4°	
6.APRIL	13°	
7.APRIL	8°	☀
8.APRIL	10°	☀

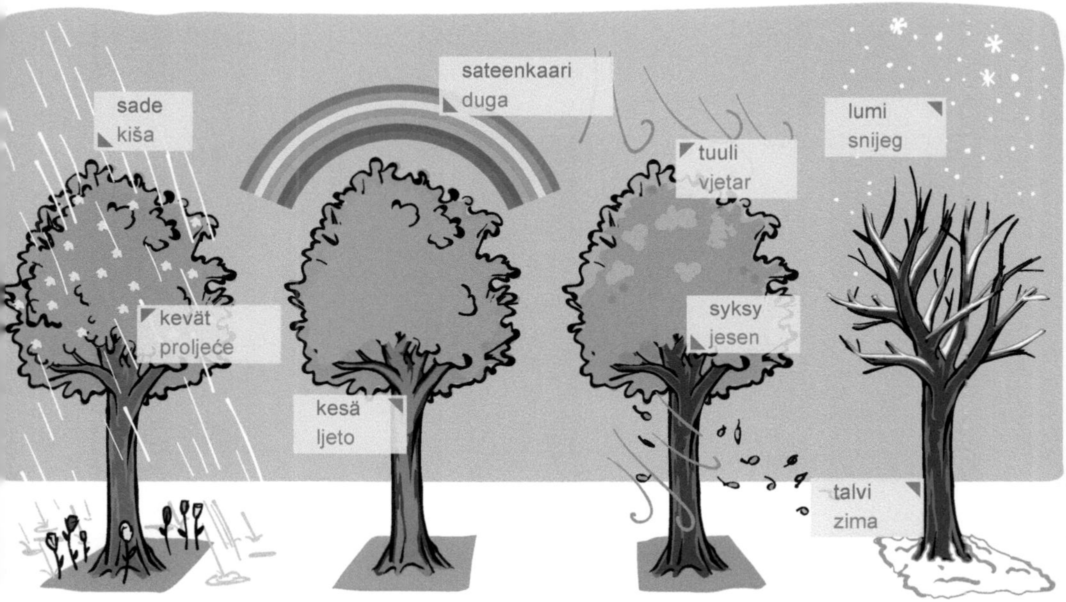

sääennuste

meteorološka prognoza

lämpömittari

termometar

auringonpaiste

sunčana svjetlost

pilvi

oblak

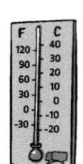

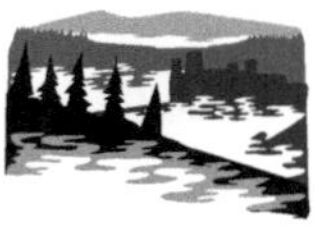

sumu

magla

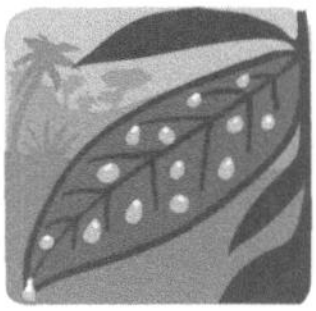

ilmankosteus

vlažnost zraka

salama
munja

ukkonen
grmljavina

myrsky
oluja

rae
tuča

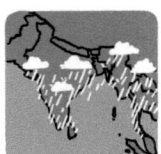

monsuuni
monsun

tulva
poplava

jää
led

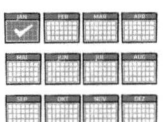

tammikuu
siječanj

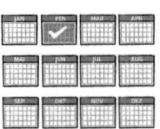

helmikuu
veljača

maaliskuu
ožujak

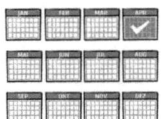

huhtikuu
travanj

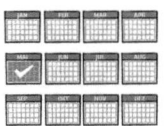

toukokuu
svibanj

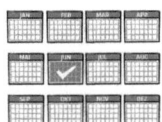

kesäkuu
lipanj

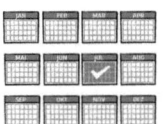

heinäkuu
srpanj

elokuu
kolovoz

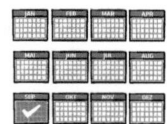

syyskuu
....
rujan

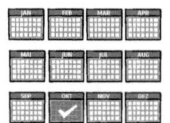

lokakuu
....
listopad

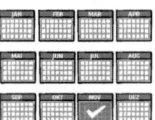

marraskuu
....
studeni

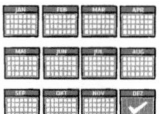

joulukuu
....
prosinac

muodot
oblici

ympyrä
....
krug

neliö
....
kvadrat

suorakulmio
....
pravokutnik

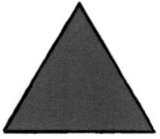

kolmio
....
trokut

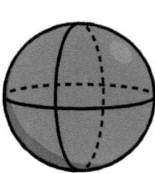

pallo
....
kugla

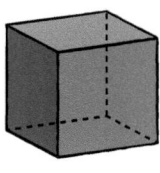

kuutio
....
kocka

valkoinen

bijela

keltainen

žuta

oranssi

narančasta

vaaleanpunainen

ružičasta

punainen

crvena

violetti

ljubičasta

sininen

plava

vihreä

zelena

ruskea

smeđa

harmaa

siva

musta

crna

paljon / vähän

mnogo / malo

vihainen / ystävällinen

ljutito / mirno

kaunis / ruma

lijepo / ružno

alku / loppu

početak / kraj

suuri / pieni

veliko / maleno

vaalea / tumma

svijetlo / tamno

veli / sisko

brat / sestra

puhdas / likainen

čisto / prljavo

täydellinen / epätäydellinen

potpuno / nepotpuno

päivä / yö

dan / noć

kuollut / elävä

mrtvo / živo

leveä / kapea

široko / usko

syötävä / syömäkelvoton

jestivo / nejestivo

paha / kiltti

zlo / dobro

innostunut / tylsistynyt

uzbuđeno / dosadno

lihava / laiha

debelo / mršavo

ensimmäinen / viimeinen

na početku / na kraju

ystävä / vihollinen

prijatelj / neprijatelj

täysi / tyhjä

puno / prazno

kova / pehmeä

tvrdo / mekano

painava / kevyt

teško / lagano

nälkä / jano

glad / žeđ

sairas / terve

bolesno / zdravo

laiton / laillinen

ilegalno / legalno

älykäs / tyhmä

pametno / glupo

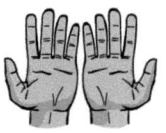

vasen / oikea

lijevo / desno

lähellä / kaukana

blizu / daleko

uusi / käytetty

novo / rabljeno

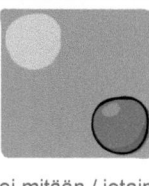

ei mitään / jotain

ništa / nešto

vanha / nuori

staro / mlado

päällä / pois päältä

uključeno / isključeno

auki / kiinni

otvoreno / zatvoreno

hiljainen / äänekäs

tiho / glasno

rikas / köyhä

bogato / siromašno

oikein / väärin

točno / pogrešno

karhea / sileä

hrapavo / glatko

surullinen / iloinen

tužno / sretno

lyhyt / pitkä

kratko / dugo

hidas / nopea

polako / brzo

märkä / kuiva

mokro / suho

lämmin / viileä

toplo / hladno

sota / rauha

rat / mir

0	**1**	**2**
nolla	yksi	kaksi
nula	jedan	dva

3	**4**	**5**
kolme	neljä	viisi
tri	četiri	pet

6	**7**	**8**
kuusi	seitsemän	kahdeksan
šest	sedam	osam

9	**10**	**11**
yhdeksän	kymmenen	yksitoista
devet	deset	jedanaest

12

kaksitoista

dvanaest

13

kolmetoista

trinaest

14

neljätoista

četrnaest

15

viisitoista

petnaest

16

kuusitoista

šestnaest

17

seitsemäntoista

sedamnaest

18

kahdeksantoista

osamnaest

19

yhdeksäntoista

devetnaest

20

kaksikymmentä

dvadeset

100

sata

stotinu

1.000

tuhat

tisuću

1.000.000

miljoona

milijun

englanti

engleski

amerikanenglanti

američko engleski

mandariinikiina

kinesko mandarinski

hindi

hindi

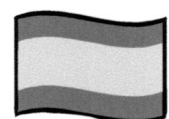

espanja

španjolski

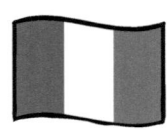

ranska

francuski

arabia

arapski

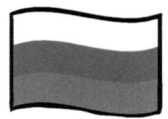

venäjä

ruski

portugali

portugalski

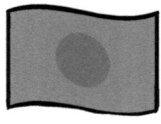

bengali

bengalski

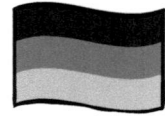

saksa

njemački

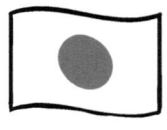

japani

japanski

minä
ja

sinä
ti

hän
on / ona / ono

me
mi

te
vi

he
oni

kuka?
tko?

mitä / mikä?
što?

miten?
kako?

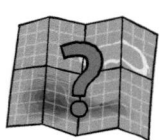

missä?
gdje?

milloin?
kada?

nimi
ime

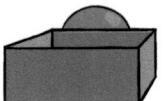

takana

iza

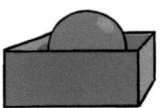

sisällä

u

edessä

ispred

yläpuolella

preko

päällä

na

alapuolella

ispod

vieressä

pored

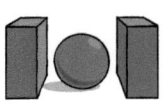

välissä

između

paikka

mjesto